4 UHR KOMMT DER HUND

AF204996

Nancy Hünger

4 UHR KOMMT DER HUND

Ein unglückliches Sprechen

Mit Zeichnungen von
Tommy Reinhardt

Trotz der Schwierigkeiten meiner Geschichte, trotz der Notlagen, der
Zweifel, der Verzweiflungen, trotz der Bemühungen, sie hinter mir zu
lassen, höre ich nicht auf, für mich selbst die Liebe als Wert zu bejahen.

Roland Barthes

Schibboleth: Fluß, Kornähre, Ölzweig. Man weiß sogar, wie man es
auszusprechen hätte. Aber eine einmalige Erfahrung bewirkt, daß
einige es nicht fertigbringen, wohingegen andere es mit dem Herzmund
auszusprechen vermögen. Die einen werden nicht hinüberwechseln,
die anderen jedoch werden die Linie passieren – die Linie des Orts,
des Landes, der Gemeinschaft, die Linie dessen, was in der Sprache
stattfindet, in den Sprachen als Gedichte.

Hier, dies, jetzt, ist ein Schibboleth.
Dies ist – Schibboleth.

Jacques Derrida

Etwas kann schön beginnen sage ich dann beginnt es vielleicht so wie diese geschichte begonnen hat aber auch wenn etwas vermeintlich schön beginnt bedeutet es nicht dass es sich sogleich um eine schöne geschichte handelt auch wenn sie anfang und ende vorweist ist sie deshalb noch lange nicht zu ende und unzweifelhaft schön diese zweifelhafte geschichte beginnt wenn alles bereits zu ende ist nicht sehr schön

es muss einen anfang gegeben haben den man mit grund
verwechseln könnte irgendwie muss ich ja muss ich hier
hinein gekommen irgendwie geschichte sein ich solle mich
konzentrieren soll an den anfang soll zurück ich sage als ich
zuletzt gestorben fiel durch die worte kaum noch licht so
nacht es war so nacht sage ich als es anfing

als dann der tag aber kam der der nacht glich die dem
tag glich waren die einfachsten dinge dahin beispielsweise
anziehen das könnte ein anfang sein unmöglich sich in
etwas hineinbegeben und nicht mehr hinausfinden da
haben wir einen schlampigen vergleich bei aller
anstrengung war das anziehen urplötzlich unmöglich
und ich fand nicht mehr hinaus aus dieser nacht die
dem tag glich der der nacht glich und immer so fort
und so weiter urplötzlich unmöglich

diese schlichten sachen sagte ich der frau unter tränen
litt ich an dramatischer überproduktion meine augen litten
seit einer dauernden weile sagte ich frau doktor in meinen
augen siedelt eine wasserkolonie sagte ich die sache mit dem
anziehen die sache mit der überproduktion die sache mit
dem hund sagte ich wohl ein falsches wort schlussendlich
nichts mehr sagte frau doktor schluss jetzt sie dürfen nicht
mehr nach haus so begann auch die sache mit dem nicht
mehr dürfen was man gemeinhin so alles ungefragt darf
weiß man erst wenn man nur noch sehr wenig ungefragt
eigentlich nichts mehr darf außer dürfen wollen wollen
wollen nicht mal nach haus

saß ich plötzlich saß die andere dann in der not bis zur
aufnahme saßen wir schief angezogen wie schlecht gewickelt
verweinten und verwarteten wir uns um versetzt zu werden
nämlich auf station hinter die tür die eine grenze war ganz
sichtbar saßen wir und hatten nichts nichts nichts hatte ich
bis auf das hemd das ich über die grenze trug

nun gibt es gespräche viele über dich und die andere stehen
plötzlich kittel um ein bett und beäugen dich oder die
andere machen ein lautes gesprech plötzlich schießen
fragen an die schläfen oder direkt zwischen die augen ob ich
das erklären könne wie es denn angefangen habe ob ich mir
meiner lage dieser gefährdung ob ich bewusst oder wann
übernimmt die andere und sagt sehr leise liebe es habe mit
der liebe zu tun ich sagt die andere habe mich verliebt also
falsch also daneben geliebt eine massive fehlleistung das
deute bereits die vorsilbe an und es sei aber ein ganzer
komplex aus verlieben nix da ein missverständnis sage ich
also diese liebe war ein massives missverständnis so ein
albernes klischee aber auch das beginne sicher früh da
müssen wir weitergraben sagen die kittel da müssen wir
schürfen im erz einer person in den verhärtungen und
tiefenschichten liege dann das gesprächige material das
könne man sezieren da wurde umfassend verdrängt
sicherlich müsse nach dem vater gefragt auch die mutter
müsse ausgeleuchtet werden vielleicht auch die
urgroßmutter 1. grades brüderlicherseits sicherlich haben
wir es mit einer traumatischen neurose oder einem
neurotischen trauma zu tun so viel zumindest ist
offensichtlich undurchsichtig

rose neuerlich auch dies sage ich neuerlich war diese
verrosung zu erkennen ganz deutlich eine fatale hingabe
überall in der wohnung roste es wurden rosen drapiert in
allen erdenklichen farben es war nicht zu erklären woher
dieses sehnen sagte ich sagte die andere das habe auch
ursprünge und wahrscheinlich habe es mit dem wetter
genauer mit dem gewitter zu tun und noch wahrscheinlicher
mit dem umstand dass die poesie in einem gefährlichen
ausmaß auf mein leben übergreife es quasi annektiere bis
ich mich sehr poetisch fühle also ganz in poesie emigriere
was einer zunehmenden lebensuntauglichkeit gleichkäme
was logisch sei man könne beinahe das archimedische
prinzip anwenden so folgerichtig also das leben die rosen
und wie beides sich wechselseitig verbiete und verdränge
seither sagt sie sage ich den abstand zwischen donner und
blitz auf die rose genau voraus

wie es uns geht heute geht es uns wenn es uns gibt immer im
uns also die andere und ich sage es geht uns noch und basta
antworte ich auf die frage oder ich antworte nicht mehr
oder sehr unsauber sage mich ungenau bis in die abgründe
daher wobei ich mir auch abgründig bin wie verschwommen
bin ich unsauber über den tellerrand hinausgesegelt dann
sage ich nichts mehr denn alles zeigt sich offensichtlich
daher diese ruine die ich körper nenne plappert auch wenn
es längst nichts mehr zu sagen gibt kann mein körper das
maul einfach nicht halten die wunden rosen überall aus
schmieren über den flur das bett eine einzige sauerei die
rosen die rosen blühen mich aus basta

geben sie mir die sätze einzeln sage ich legen sie mir doch
bitte jedes wort zurecht einzeln bitte ich mach auch den
mund auf eines für mama und eines für die analyse
sprechen sie mich von meinen defekten her ich spreche
artig nach dann haben wir es einfacher suchen wir uns doch
etwas hübsches aus dem psychrembel aus dann haben wir es
einfacher sage ich geben sie mir doch bitte die letzte hilfe

nachts besonders nachts geh ich allein durch den anfang
wie durch ein ende immer wieder zurück muss ich den
anfang sprechen bevor ich vom ende sinnvoll sprechen kann
spreche ich mich vom anfang her zielstrebig auf mein ende
zu es winkt mir bereits von weitem ein äußerst fröhliches
ende ist das aber auch

wir leben nun vegetieren nun hinter der grenze die eine
sicherheitstür ist mit aufpassern und kitteln und
schwesterntieren und nachtwachen und menschen
menschen die wie schwesternlose tiere hinter der grenze
vertieren wir bewegen uns wie im zoo und drehen hinter
dem gemäuer hinter dem gatter immer kleinere runden
drehen auch die schlüssel alles verschlüsselt wie
verschlossen sage ich diese grenze ist auch der tag und die
nachtgleiche wie ein datum in ein anderes übersiedelt ein
ich in ein zweites siedelt eines davor in eines danach
zwischen nicht mehr und noch nicht laufwandel ich nun
bewusstlos noch nicht aber nicht mehr in den nächten die
tags sind als sei es nacht und der mond eine abnehmende
immergleiche ist dies grenzwandeln immer kleinere runden
dreh ich zurück in die fraktur in den schmerz sprech ich
mich hier und jetzt zurück als ich mich verlor und übers
messer sprang einmal zweimal dreimal als ich mir klingen
in den rocksaum nähte die arme auf als ich mich verschnitt
blühten die rosen zweistöckig heraus und dann kam der
hund

etwas kann schön beginnen sage ich dann beginnt es
vielleicht so wie diese geschichte begonnen hat aber auch
wenn etwas vermeintlich schön beginnt bedeutet es nicht
dass es sich sogleich um eine schöne geschichte handelt
auch wenn sie anfang und ende vorweist ist sie deshalb noch
lange nicht zu ende und unzweifelhaft schön nur ein
tragisches missverständnis sagt die andere ein albernes
klischee sind wir so schön tragisch und unzweifelhaft ein
klischee weil wir unterliebt wurden weil wir uns nicht
wehren solche geschichten sind doch sattsam bekannt für
solche geschichten braucht man mindestens einen mann
oder eine frau oder zwei frauen oder zwei männer immerhin
zwei braucht es für solche geschichten und dazwischen
braucht es liebe oder das gegenteil für solcherart
geschichten muss das gegenteil immer befürchtet werden

ich soll rekonstruieren den weg der ein grund geheißen sein
könnte den man fall nennt der nun aktenkundig ist ich soll
meinen fall rekonstruieren helfen den anfang zum beispiel
ich zitiere mich folgerichtig nach strenger anweisung an den
anfang zitiere ich dich zu dem ich später er oder hans sagen
werde je nach umgangston und tagesform aber gewiss musst
du auch wenn du nicht willst an den anfang der nur ein
vorläufiger fast schon willkürlicher ist irgendwo muss immer
begonnen werden also warum nicht hier inmitten wie es sich
für so eine geschichte gehört sich das denn immer noch so
eine blöde geschichte mit anfang und ende einfach zu blöd

ich beginne aktenkundig mit es war einmal oder es war
keinmal als du mir zutrittst an den anfang der ein langes
unaushaltbar verzögertes ende war das ich aushalten musste
mein ende eines nachts im transit saß ich zwischen dem
noch nicht und nicht mehr saß ich und sammelte mich
gegen die welt gegen den mensch der du sein wirst und noch
nicht warst da du mir noch nicht hinzutrittst aber gleich
aber gleich beginnt die geschichte hat pfiff sage ich da ist
alles drin für die ganze familie grausamkeit und verrat und
blut und liebe und gewalt einfach alles dabei sogar ein hund
ein schwarzer mit gebleckten zähnen der mir knöchel um
knöchel stoisch zerkaut bis ich nur noch abspann bin aber
mit pfiff

siehe da wackelt und knirscht es aber gewaltig in der zeit
die formen gewiss müssten wir in die vergangenheit müssten
alles ganz artig vergänglich sprechen was aber unwahr was
nur unnötig der erinnerung in die hände spielen würde die
sich ihrerseits wieder befragen müsste befragen lassen
müsste was denn nun täuscht und wie viel gehalt von dem
enthaltenen wahr wäre bleiben wir im jetzt ist es einfacher
dann sage ich jetzt ist es wahr auch wenn es bereits
vergangen ist was ehedem alles jetzt sofort und
augenblicklich ist also sparen wir uns das und bleiben
jetzt hier bis die geschichte zu ende gewesen sein wird
und die wahrheit ist ehedem zur hälfte immer falsch

ich weiß nicht werde nie geahnt haben was mir die abwehr
aus der hand schlug also gleich zwischen noch nicht und
nicht mehr trittst du und sprichst mich sprichst deinen
namen lerne ich auswendig mit der stimme in die luft
schreiben dein name ist wichtig die folge deiner
buchstäblichkeit aus laut und zeichen lerne ich dich
schreien so setzt der unbeginn ein im transit sage ich ist
niemand allein sind alle im noch nicht und nicht mehr ist
man halbbeinig mit einem hier im dort steht man nicht sehr
stabil beginnt man zu taumeln im zwischen ist man
angreifbar ohne es zu ahnen ohne es zu wollen zieht dir
einer dein bein weg und du fällst ins zwischen einmal
gefallen bleibst du für ewig november musst du ewig
novembern und in den stürmen leben lernen im
katabatischen wehen das dir die häute schleift einzeln
abträgt die abwehr bis du schutzlos die ablandigen winde
herbeisehnen wirst dass sie dir endlich eis auf die
knochen die ruhe packen unter dem eis die ruhe des
nicht mehr geht ins schelf

november war unser schibboleth

november ist ein monat ein zustand eine krankheit ist ein land das mich rief und rief bis ich eilte mich aufmachte mit den katabatischen winden verpackt im schelf reiste ich november solange es ruft bringe ich mich zwischen die flüsse bis du mir hinzutrittst augenblicklich wurden die fronten so leise dass die schüsse wie nicht gefallen hätten sein können dass es schien als könnten die toten zurück als müsste niemand zu den toten als sei sterben vorbei so leise dieser november zwischen den flüssen standen wir plötzlich vor uns war und ist und hätte gewesen sein können november als das land uns beim namen rief in die schüsse die so leise waren als wären sie nicht habe ich dem fluss meine liebe anvertraut und gelernt in urströmen zu singen zwischen den schüssen deinen namen gelernt zu schreien in den sprachen der felder des himmels so leise als wären die schüsse durch uns längst hindurch

hätte gewesen sein können als du im transit deinen meinen
namen wir unsere namen hätte gewesen sein können als
die nacht uns die beine spurte hätte gewesen sein können
als ich dich trug ganz sicher als ich dich trug ganz
selbstverständlich und der fluss mir sprach zweistimmig
deinen namen schrie ganz sicher da war ich bereits vorbei
das land verließ uns zu früh und vergeblich entließ uns das
land hatte uns tatsächlich verlassen buchstäblich bin ich
durch das land oder war es ein mann hindurchgegangen bis
auf den grund der ein weg war direkt hierher und wenn sie
nicht dann starb sie glücklich und zufrieden und aus hätte
es gewesen sein können eine schrecklich schöne geschichte
die bereits viel früher begann und nicht nur meine
geschichte ist die geschichte von vielen die sich wiederholt
vollzieht erst an kindern den ganz kleinen menschen wird
grausamkeit vollzogen wie ein urteil genauer vollstreckt an
den kindern wird grausamkeit vollstreckt so lange und
ausführlich bis sie heimisch werden sich einnisten in diesem
heimeligen gefühl und sie später ihr leben umbringen den
nächsten vollstrecker einen immer besser ausgebildeten
vollstrecker zu suchen der sie letztlich ganz nach art und
weise dieser kunst zur strecke bringen wird dann wären sie
endlich daheim und aus hätte es gewesen sein können eine
schrecklich schöne geschichte die niemals zu ihrem
fröhlichen ende fände

ja ja ja ich steck im monolog der ein elend ist wie diese
geschichte die ich mir ganz allein erzählen muss auch was
ich alles nicht weiß die lücken muss ich mir erzählstopfen
den hans der raus ist die figur hans erzählt nichts was nicht
bedeutet dass sie nicht zählt aber sie hält sich raus ganz fein
und rein sind die hände müssen schließlich noch ein kind
auf der stirn berühren die sorgen wegstreichen können der
frau die nicht ich bin ja ja ja so ist hans ein feiner und fein
raus und so sind die langweiligen geschichten die
schauermärchen die von generation zu generation die
schöße wechseln denn so ein hans liebt die frauen einfach
nicht aus ja ja ja das nimmt noch ein fröhliches ende

ich bin nicht allein hier steckt ein seltsam fremdes steckt in
der tapete versteckt schokolade unter dem kissen steigt
nachts aus dem wagenbett und schläft noch schläft die
schokolade in sich hinein versteckt hinter der tapete mein
seltsam fragt mich nach den armen fragt kind liebes will mir
schokolade geben aus dem versteck ich sage nein ich
hungere aus mir heraus will ich dass es oder war es ein er
jämmerlich verhungert zur not wir beide es oder war es ein
er muss raus mein seltsam gastiert hier übrigens seit jahren
man kennt sich auf station bereits wird heimat gespielt mein
fremdes trinkt wenn es allein ist trinkt natürlich einen
mann aus sich heraus solange bis der wagen kommt und sie
wieder ein gastspiel hat sie ist vollprofi und weiß bereits
wann der letzte vorhang fällt

irgendwann habe ich tage nach enden sortiert das große das
kleine das mittlere sortiere ich noch immer ich fange nun an
hier und jetzt inmitten des unbeginns mit es gibt mich gab
mich davor und danach jenseits der grenze habe ich meinen
gürtel meine schnürsenkel abgegeben jenseits der grenze
habe ich alles an der tür abgeben müssen bis auf das hemd
das ich trug jenseits ist jeder und niemand allein in einem
hemd stirbt es sich ganz wohnlich jenseits der grenze sind
wir nun ein seltsam fremdes aus seltsam fremden tieren die
einsam immer kleinere runden drehen in den immer
kleineren zimmern die schnüren uns noch die luft schnüren
die uns ab bei lebendigem bewusstsein schnüren wir über
den hof wie kleine halbverhungerte rauchende tiere im zoo
ist man frei denken wir oft dass wir einmal menschen
gewesen sein müssen irgendwie frei bis auf das hemd das
uns trug als wir noch menschen waren die vor einer grenze
standen

alle tage gehen so weil die zeit nicht mehr geht einfach
sitzenbleibt gehen alle tage wie die nächte nämlich
nirgendwohin es gibt den montag und den dienstag es gibt
alle tage liegen in einer plastikschale damit wir nicht
vergessen es gibt die tage sind blau und rot und weiß früh
mittags und abends sind die tage sortiert nach speiseplan a
b oder c früh mittags und abends versteck ich die tage mein
essen verschenke ich werde gewogen täglich kommt die
wiegerin und wundert sich und fragt ratlos meinen oberarm
so ratlos passt ihre hand fast darum ganz fest ihre hand
noch lange auf meinem arm so rot sind die tage sitzen bei
uns auf station liegt die zeit fixiert hab ich gehört ist
unheilbar krank

eine darf raus kommt wieder sagt mein seltsam fremdes
wirst sehen heute noch die kommtgeht seit jahren
gehtkommt sie ist auch eine geschichte eine traurige
natürlich die auch mit einem mann beginnt natürlich wir
beginnen alle mit männern aber diese ist anders der mann
hat seine faust nicht im griff die faust schlägt zu gerne in die
frau die er liebt er liebt diese frau mit der faust er kann
nichts dafür natürlich die frau die eine traurige geschichte
ist lernt noch einen mann kennen der seine hände sehr
behutsam einzusetzen weiß und die fäuste aus der frau so
gerne herausstreicheln würde den ganzen mann aus dieser
frau ausstreicheln würde sie haben sich geküsst sie haben
natürlich miteinander geschlafen sie haben sich geliebt
ganz kurz und heimlich habe sie dem mann dem
eigentlichen natürlich sofort habe sie ihm alles erzählt
besser gestanden dass es ein fehler und eine schande
gewesen sei und überhaupt habe sie geschändet die ehe
beschmutzt sie sei sich ihrer großen schuld bewusst die sie
auffrisst das kann ich sehen kann das jeder diese schuld
wohnt auch in unserem zimmer und frisst ihr nachts aus
den augen ihre schuld sagen die kittel da haben sie ganz
recht aber das können sie alles wieder gutmachen sagen die
kittel kopf hoch und carpe diem sagen die kittel denen ich
gerne das maul stopfen würde mit den tränen dieser frau die
wiederkommt noch am selben tag bringt sie der mann in der
geschlossenen faust

ich bekomme keine schnürsenkel keinen gürtel ich bekomme vom vielen sterben ein davor und danach einen hund und eine zweite natur die aussieht wie ich bekomme dich als widergänger in meinen träumen bekomme ich schnürsenkel und gürtel und einen schlüssel zur küche in meinen träumen gehst du wieder und wider gehst gegen mich in meinen träumen hoffe ich dass du gehst damit du nicht wiederkommen kannst höre ich mit dem träumen augenblicklich und unwiderruflich auf

wir spielen immer noch auch wenn ich nicht mitspiele längst
nicht mehr spielen will werde ich von dir gespielt das spiel
heißt fort da du spielst mich solange bis die schnur reißt
mein hirnsaum vielleicht und ich bin schrecklich fort
nämlich da drinnen hans sage ich dein name ist hans
meiner ist unica oder undine wir spielen uns durch alle
klischees hindurch hans das fenster hans gib den strick
hans wenn du zur frau gehst vergiss die geliebte nicht hans
hans hans wo war ich gerade ach wer hans sagt der muss
auch vollstrecker sagen

immer vier uhr wirft mich der hund aus dem wagenbett in
den flur wirft mich diese große alleinsamkeit und schickt
mich barfuß über das linol immer vier lasse ich das bad
aufsperren und stecke mein hemd ins ertrinken immer
uhr ertrinke ich unter meinem hemd löst sich etwas ab vier
höre ich den fluss zweistimmig singen deinen namen immer
ab vier geh ich im hemd übers linol und lasse das bad
aufsperren lasse mich ins wasser unter dem hemd löst sich
ein kleines wenig ertrinken

es gab mich davor es kam mir davor auch der schwarze hund
es gab mich danach nun habe ich hunde viele schwarze jetzt
gibt es mich mit den schwarzen hunden die schicken mich
woher sie auch immer lasse ich mich führen so leicht an der
leine so geführig gehe ich auf mein fröhliches ende zu

unter aufsicht soll ich glück buchstabieren soll mich
buchstabieren soll mich und das glück unter aufsicht
buchstabiere ich fick dich und schreie deinen namen in die
luft probiere ich noch einmal glück und sage nur un un un
sage ich probiere nicht mehr ich fresse euer glück nicht
mehr fress ich dieses scheiß glück ist ein un so einfach so
geheuer

wir sind jetzt hier was ein drinnen ist das man von draußen
unterscheiden lernt draußen liegt die welt der schnürsenkel
und gürtel der offenen küchen und bäder liegt draußen eine
welt in der man ohne aufsicht glück haben kann schau der
friedhof und schau unser drinnen immer weit außerhalb
ganz ganz weit versteckt wie deine schokolade was niemand
sehen will sind wir und friedhöfe sind die toten hinter der
tapete wollen nicht zurück dabei waren die schüsse so leise
als wären sie längst durch uns hindurch beginne ich noch
einmal mit dem unbeginn drinnen warte ich auf die
katabatischen wehen auf das schelf zieht vorbei ich fürchte
den widergänger wie den hund täglich geht er kommt nicht
er kommtgeht durch mich hindurch

das fenster ist zu immer ist das fenster zu wenn aber das
wehen jetzt hier die katabatischen winde zu mir wollen frage
ich verzweifelt wie können sie mich wehen meine arme
wollen in die küche mein hals wünscht einen gürtel und
unica ein offenes fenster hans mach verdammt nochmal das
fenster auf

ich will nicht mehr unter aufsicht will ich nichts mehr nur
in die küche greift mich meine wiegerin umgreift meinen
oberarm und sagt musst musst musst unter aufsicht sag gut
sag immer gut geschlafen gegessen gut gut gut sag nichts
oder sprich ein gedicht das macht einen strich durch die
rechnung der kittel machst du einen strich linksbündig
sauber ausgeführt gut gut sagen die kittel aufwärts immer
aufwärts aufs schlimmste zu sag ich aber schnurstracks zum
fröhlichen ende es winkt schon

messer links gabel rechts unter aufsicht zerlege ich brot
zerlege das mehl im brot zurück in die ähren zerlege ich
mich in die ähren mit dem messer geht es zurück

ich habe auch ein versteck für die ovalen die runden die
roten die blauen tage für alles was ich muss muss muss sage
ich schau mal zu meinem seltsam und mache den mund
nicht mehr zu mach ich bis die aufsicht mit dem messer
kommt

sicher ein ödipaler infekt oder ein schnupfen in der aorta
weiß das herz einfach nicht weiter ich sagt die andere liebe
ich sterbe an liebe so ein elendes missverständnis sage ich
wir sterben am klischee sage ich schaut nur ich klischiere
bei lebendigem bewusstsein holt einen tupfer messer schere
licht schwestern hier muss das klischee rausgeschnitten
oder elektroschockt werden diese liebe muss weg bevor sie
vergroscht oder an einen romanpfuscher verkauft wird
bewahre das muss rausgeschnitten werden alles schöne an
der geschichte das hätte hätte hätte bis nur noch gewesen
sein bleibt alles wegschneiden bitte bis aufs ende bis auf das
gewesen sein dieser geschichte als wäre sie niemals so ist es
gut schockt mich weg schwestern so ist es gut schockt mich
herunter bis auf die letzte rose im gewitter

mich gibt es mich gab es wen fragt meine mutter ist draußen
und ab und an drinnen nimmt sie mich in die leere zwischen
ihren armen streichelt mir das un von der stirn bis es fast
geschwunden bleibe ich in dem kleinen binnen zwischen
ihren schmalen armen einfach liegen bis diese liebe fast
unerträglich in den augen meiner mutter siedelt eine
wasserkolonie

kommt jeden tag ein kittel in weiß kommt fragt mich alles
was unmöglich was nicht sagbar ist sage ich auch nicht was
sagbar auch niemandem in weiß und erst recht keinem in
farbe und am wenigsten dir oder mir das geht uns alle längst
nichts mehr an sag ich etwas nichts sag ich mir basta

ich darf nichts aber nachts darf ich auf den hof kreise
drehen unter dem himmel halte ich meinen kopf und
lausche den abzählreimen der sterne unter dem himmel ist
es viel weniger nacht als am tag

ich verweigere allen den zutritt außer meiner mutter will ich
nicht dass draußen hier rein muss mich sehen muss das
sehen unser seltsam fremdes ertragen das schreit und
schreit und schreit wie eine alte häßliche angst ich streiche
meiner mutter das un von der stirn dreimal ich nehme sie in
das leere binnen zwischen meine schmalen arme lege ich
zärtlich ihr un bis diese liebe fast unerträglich wird in
meinen augen siedelt eine wasserkolonie

die weißen sagen lange noch so lange mein fräulein sagen
sie solange die wiegerin es will solange die aufsicht es will
solange ich nicht will muss ich auf die winde warten muss
ich unbedingt warten wollen wollen wollen die ruhe des
nicht mehr geht ins schelf

die aufsicht bringt mir jeden freitag einen toten fisch sagt
iss drei löffel vom salz ich schlürfe das schwarze meer in
winzigen schlückchen das baltikum die kurische nehrung
ich erinnere mich november ist ein monat kein zustand kein
land november ist eine krankheit dieses ewige novembern
sage ich du bekommst davon nichts bekommst du scheiß
sterben so leise dass die schüsse wie nicht gefallen hätten
sein dürfen dass es schien als dürfen die toten zurück als
müsste niemand zu den toten als sei sterben vorbei so leise
dieser november zwischen den flüssen stand ich plötzlich
vor uns war und ist und hätte gewesen sein können als es ist
wie vergangen aber gegenwärtig november als die krankheit
mich beim namen rief in die schüsse die so leise waren als
wären sie nicht habe ich dem fluss mein missverständnis
anvertraut und gelernt in urströmen zu schreien in den
sprachen der felder des himmels so leise als wären die
schüsse durch mich längst hindurch sind die schüsse ich
rose zweistöckig aus

noch eine leitung eine ganz schwache eine verbotene
verstecke ich im tisch der der nacht vorsteht brummt ab und
an der widergänger ich schlage mich in die decke zurück
schlage mich halbtot und horche doch heimlich an der
leitung so sind die langweiligen geschichten eben horche
was mir der widergänger brummt so leise dabei sind die
schüsse längst durch uns hindurch ist er gegangen wird
gegangen sein wie gewesen einmal muss es wahr werden das
fröhliche ende wird allmählich herbeizitiert brumme ich
halbtot zurück ende

um vier kommt der hund an meine nehrung und leckt mir
das hemd von der brust bis alles schwarz ist auf und unter
den rippen so schwarz da löst sich etwas immer uhr denke
ich mir geschichten aus meist mit mann und frau in
klassischer besetzung mann tötet frau tötet mann tötet frau
wer zuletzt lacht ist der erste überlebende so schwarz und
fröhlich sind die geschichten wie dieses ausgedachte ende
an dem ich hoffentlich einfach aufwachen werde und sagen
kann ach und hach es war nur eine geschichte aber schade
so schade um die frau am ende ist sie so ausgesprochen
hingebungsvoll und schön gestorben aber völlig umsonst
stirbt die frau ist nur ein missverständnis auch für den
mann die liebe ist nur ein missverständnis ach und hach
steht im abspann die geschichte hatte wirklich pfiff

überhaupt schuld sage ich zu den kitteln ja ja ja wir sind alle
schuldige unter den sündern oder wie noch mal ich muss ja
wollen nur wollen muss ich ganz einfach leben wollen sagen
die kittel ha ha wir alle wollen zu wenig arbeiten wir an
unseren defekten ha ha wir sind täter und opfer ha ha wir
sind unser vater und mutter und unglückes schmied ha ha
wir sind schuld immer und allseits und an allem ist klar
meine schuld und pech gehabt fräulein dass du nun
verreckst ist ganz klar deine schuld dass wir hier verrecken
ist unsere schuld und schande über uns wie wir verrecken in
unserer schuld ist unsere schuld schimpf und schande über
uns ach morgen ist auch noch ein grab und nutze den tod
und sorge dich nicht sterbe ha ha sagen die kittel c'est la vie
oder positiv denken positiv verrecken ha ha
gruppentherapie das leben hat auch schattenseiten carpe
mortem genieße auch die kleinen leiden lerne dich selbst zu
hassen sorge dich nicht sterbe sei einfach schuldig an dir
selbst

da ist er wieder der widergänger kommt mit dem hund und
erteilt mir lektionen heute ertrinken lehrt er mich aber
langsam aber freundlich aber mit aufsicht ertrinken ganz
langsam mit dem kopf voran das kinn der mund die lippen
musst du öffnen sagt er die lippen immer leicht geöffnet
dann sieht auch die aufsicht nichts

die schmalen arme meiner mutter erscheinen mir im traum
liegen wir umschlungen und verhungern ganz leise während
die aufsicht uns einen winzigen samen in den schoß pflanzt
der wir sind

mein seltsam nimmt meine schmalen arme und fährt mit
ihren kleinen fingern auf dem straßennetz meiner arme
spazieren immer geradeaus geht es heute immer geradeaus
und morgen fahren wir aber in die küche sag ich

ich muss warten wollen sagt der hund hat mich schon wieder
an der leine im schwarzen hof sitzen wir unter dem orion
sitz ich immer november schibboleth unterm schlachtmond
muss ich warten wollen wollen wollen dann öffnet bestimmt
jemand das fenster und lässt die katabatischen wehen
hinein

ich traue dem hund einfach nicht über den weg trau ich dem
hund

abwarten wollen wollen wollen etwas wieder wollen dann
aber abwarten sage ich der aufsicht oder aufwarten sage
unwarten etwas umwarten wollen hauptsache wollen
schwöre ich unter aufsicht stellt man mir ein klitzekleines
draußen in aussicht wenn ich schwöre wollen jawoll

gestern rief ich all meine schicksale herbei und gab ihnen
einen namen seither stehen sie weniger schief weniger auf
der kippe mein schicksale alle ein wenig schief

mein fremdes fragt nach den armen dem grund gründelt
mein seltsam unermüdlich warum ich hier sag ich weil mir
jemand im transit unabsichtlich unerwartet ein bein wegzog
so einfach ist die geschichte auch schon zu ende bevor sie
begann diese geschichte darf nie beginnen und muss doch
enden dies anhaltende novembern bitte ende mich

der klitzekleine spalt aussicht tut sich auf tut sich mir ein
draußen im drinnen da ich wem immer begegnen darf ohne
dass uns die alte häßliche angst anschreit in diesem
drinnendraußen aber glas noch glas muss sein man behält
mich im auge der aufsicht so gern

die wiegerin wägt meinen zustand und sagt weit unter null
die temperatur müssen wir fühlen weit unter das sind die
ablandigen winde sage ich das schelf wird mich holen ich
fühl weit unter null das schelf wenn auch unter null fühle
ich noch sag ich fühl mal noch sag ich fühle weit unter
klirren die zehen schon das sind die ablandigen winde frage
ich kann bitte jemand die fenster schnell schnell oder
wenigstens die küche das bad wenigstens das wasser bitte
öffnet mir das wasser

das sterben frisst mir aus der hand wenn ich einmal nicht
hinsehe nicht aufpasse frisst es aus meiner hand will es
immer auch gleich den ganzen arm und den anderen
obendrein kopf und beine ach alles will es diese gefräßige
sau sollte man wirklich unter aufsicht stellen

der widergänger brummt ab und an noch schwach durch die
leitung nachts wenn wir alle so grau sind wie am tag brummt
er unter der decke oder durch den tisch spaziert ein wort
herein spricht meine nächste lektion heißt sterben lernen
still sein weg sein heißt wie unsichtbar wie nicht gewesen
sein ich will nicht mehr gewesen sein will ich nichts mehr
hans verdammt noch mal mach das fenster auf

die wörter tun weh

der fluss wird leiser und leiser singt er ich habe einfach zu
wenig wasser aus dem brot geschnitten habe ich ihm zu
wenig wasser und zu viel liebe zugetraut einfach zu viel

irgendwann sagen sie oder nie wieder oder immer oder
besser nie sagen die weißen manchmal raten sie wie ich
aussehe ob ich noch aussehe ob man mich noch sehen kann
weiß ich einfach nicht mehr weiß nicht ob ich

mein fremdes darf nach draußen so angestrengt hat es sich
und zittert vor draußen die knie sind wachsweich die
kleinen knie schlottern und wollen und wollen doch nicht
auch die füße wissen nicht mehr vor noch zurück haben sie
alles vergessen das müssen wir üben vergessen erinnern
zugleich vor und zurück müssen wir üben dann halten wir
uns vielleicht ein wenig in schwebe im transit im zwischen
vielleicht solange bis der vorhang fällt

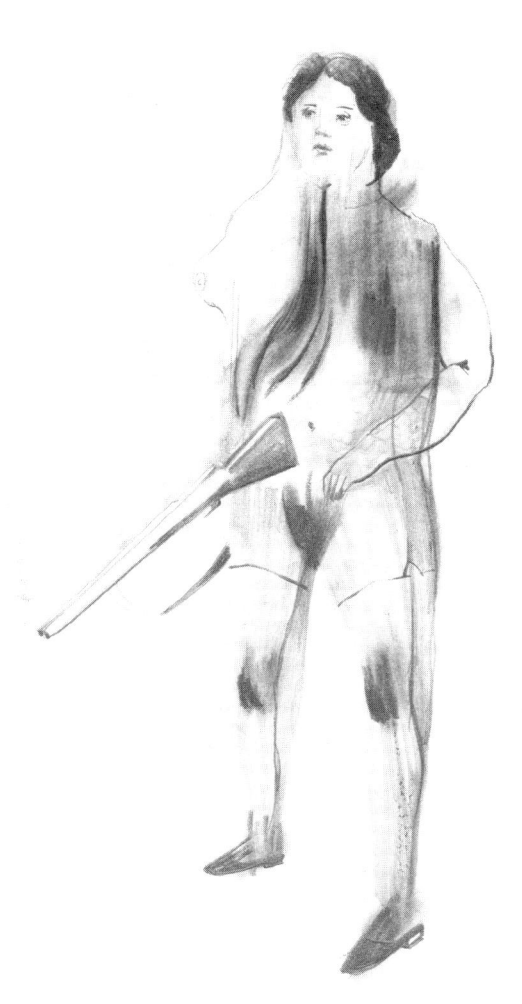

ich erinnere mich ganz leise an die frau die ich war erinnert
sich das mädchen ist fünf und herzlich verzagt als es zum
ersten mal stirbt sie noch sehr oft vor sich hin von liebe ganz
entstellt bin ich unmöglich kann ich mich kann ich das
mädchen in den futur setzen das futur ist defekt die liebe
ging uns über den kleinen verstand bis nur noch angst war
das ist unsere bedingung sag ich man kann das aufgeben
einfach nicht aufgeben das ist unsere bedingung sage ich
von uns kann nun nicht mehr viel übrig sein wir sind fast
auserzählt das ende vom lied die liebe holst du niemals
niemals holst du die liebe auf die dich bei lebendigem
bewusstsein frisst

die nähe wird immer der ort sein an dem wir uns verfehlen
sagt meine mutter zu dem fünfjährigen mädchen das ich bin

meiner mutter wächst eine magnolie hinter dem ohr eine
zweite unter der linken wimper wo ich sie besonders innig
liebe leichte borke über ihrer stirn träume ich nicht meine
mutter ist eine magnolie der schönste baum ist sie von allen
will sie mich holen mich heraustragen auf ihren schmalen
armen will sie mich entführen um mir die stirn ein für
allemal sacht auszustreicheln den mann aus der stirn will sie
den hirnsaum vernähen meine arme die klingen im
rocksaum die rosen sag ich exakt voraus zwischen donner
und blitz wächst die rose zweistöckig aus mir heraus solange
bis das schelf sich über uns schließt

über das letzte wort ist noch nicht gesprochen ich werde es
sprechen wenn es soweit ist sage ich schluss jetzt hans auch
du wirst irgendwann nichts als gewesen sein

irgendwann weiß ich nicht mehr
drinnen draußen
irgendwann wird es zu lange
irgendwann gewesen sein
weil ich den fluss kaum noch höre
weil die sau mich noch frisst
weil der hund mir die küche aufschließt
wird irgendwann
zu lange
gewesen sein
weil niemand die fenster öffnet
weil das linol kälter ist als das schelf
weil der orion untergeht
weil es drinnen so viel mehr nacht ist als draußen
irgendwann wird es zu lange sein
und ich werde sibolett sagen
werde falsch sagen
weil ich nicht mehr verstehen kann
weil meine schicksale alle auf einem wort stehen
auf dieser kippe
im transit
nicht mehr oder noch nicht
werde ich gewesen sein
damit auch ich verschwinden kann

es winkt so fröhlich winkt es

schau

für meine Mutter,
meine Freunde,
meinen Mann:
die Liebe

Alleinsamkeit, das gute Wort könnte man als die Mitte von Nancy Hüngers neuesten Texten orten, würden nicht gestrenge Weißkittel-Leute in die Verlassenheit eindringen, und würde sich nicht wiederholt ein Hans nähern, der nur so genannt wird, ohne wirklich so zu heißen. Dieser Hans tritt sogar im Plural auf, um sowohl einzeln als auch in der Mehrzahl gleich wieder zu verschwinden. Das gesamte Geschehen dreht sich unentwegt, setzt neu an und dreht sich weiter. »drehen hinter dem gemäuer hinter dem gatter immer kleinere runden drehen auch die schlüssel alles verschlüsselt«.

Die Ereignisse beginnen längst vor ihrem Anfang und werden wohl nie aufhören, wobei das Ende von Anfangan zu drohen wagt.

Arztbegegnungen, Liebesfallen, bedrohliche Trennungen, gefährlich schwarze Hunde (sie sind eher Nachtmahr als Hund) tauchen in diesem Reigen auf, in einem Reigen, in dem die Angst auf merkwürdig sympathische Weise eine der Hauptrollen spielt. Sympathisch ist die Angst, weil ihr Nancy Hünger mit einfallsreichen Wortfindungen zuzwinkert. Wenn zum Beispiel die Töchter unterliebt werden.

In dieser Alleinsamkeit heißt es einmal »habe mich verliebt also falsch also daneben geliebt eine massive fehlleistung das deutet bereits die vorsilbe an«. Ein lustiger Vorwurf an die unklare Vorsilbe Ver, die nicht nur daneben, sondern auch rundum verstreuen bedeuten kann; allerdings würde das dem Ver-Liebtsein auch nicht helfen. Und falls die Einsame in die Liebe hineinfallen wollte – to fall in love – wäre es ebenfalls nicht besser. Die sich Drehende versucht tatsächlich auch den Sturz, möglichst ins Wasser. Und sie versucht, allen ablandigen Fallwinden zu widerstehen.

Ein Teilsatz als Leseprobe: »...sofort und augenblicklich ist also sparen wir uns das und bleiben jetzt hier bis die geschichte zu ende gewesen sein wird...«.

Komma und Punkte kennt diese Komposition nicht. Je nachdem, wie sich der oder die Lesende die Interpunktionen vorstellt, verschiebt sich der Sinn um einige Grade, womit die Hüngersche Erzählweise keineswegs zweideutig ist, sondern mehrfach lesbar. Und tatsächlich beginnt die Darstellung vor dem Anfang, vor der ersten Seite und endet auf der letzten Seite nicht.

Ein wenig Musik zum Abschied wäre trotzdem nett. Gedichte
Mit ihrem ersten Lyrikband seit acht Jahren erschreibt sich Nancy Hünger ein ganz eigenes Feld: mit kunstvoll rhythmisierten Versen und einem erstaunlichen Register an Formen und Farben, Tonlagen und Stimmungen. Ihre Gedichte verbinden die Küsten Siziliens und Nordafrikas, loten den schmalen Grat zwischen Sexualität und Gewalt aus, imaginieren das eigene Verschwinden. Oder geht es im Grunde doch um etwas ganz anderes? Vielleicht um das Scheitern beim Versuch, sich die Welt mittels Sprache zu erschließen – und die Notwendigkeit, es trotzdem immer wieder zu versuchen? »Schreiben heißt versuchen herauszufinden, was man schreiben würde, wenn man schriebe«, sagt Marguerite Duras.
ISBN: 978-3-942375-28-3, Broschur, 118 S., 18,90

Wir sind golden, wir sind aus Blut. Ein Familienalbum
Eine junge Frau steht auf dem Schindanger, im Garten der Großeltern, und durchschreitet noch einmal die Höllenkreise ihrer Kindheit. Sie nimmt am Katzentisch Platz, erinnert sich an den im »Stubenkrieg« gefallenen Cousin, erzählt von verlorenen Vätern, machtlosen Müttern und dem doppelt gebrannten Blut, das alles zusammenhält. Nur hin und wieder erhellt ein Blitz die Szenerie, dann scheint eine andere, phantastische Welt auf. Wann hat dieses Verhängnis begonnen? Und wie lange wird es sich fortschreiben? »Wir sind golden, wir sind aus Blut« ist alles andere als ein nostalgisches Familienalbum in Sepiabraun – eine abgründige, restlos desillusionierte Erzählung über Kinder, die ewig Kinder bleiben werden.
ISBN: 978-3-942375-14-6, gebunden, mit Farbfotografien, 80 S., 19,00

PRESSESTIMMEN ZU NANCY HÜNGERS BÜCHERN

»Es sind wundersame und verwundete, traurige und mutige, verletzliche und lebensfrohe, wie in bitterem Absinth getränkte und dennoch heitere, manchmal geradezu verschmitzte Zeugnisse der Einsamkeit wie der Sehnsucht.« *Werner Söllner*

»Nancy Hünger ist eine souveräne Dichterin. Ihre Gedichte stehen eigenwillig und stark im Raum. Was macht die Sogkraft ihrer Gedichte aus? Sie sind trotz der düsteren Themen seltsam munter. Das liegt an ihrer feinen Arbeit mit Rhythmus und Reimanklängen, mit denen sie jeden einzelnen Text durchkomponiert.«
Carolin Callies

»Nancy Hünger spricht gern mit dem kollektiven Wir, das sowohl Adressat als auch Subjekt der Erinnerung sein kann. Von diesem Wir geht eine besondere Stimmung aus, die – neben der souveränen Sprachkunst – mehr als alles andere die Dichtung dieser Autorin kennzeichnet. Es ist ein Wir voll jugendlichen Übermuts und enttäuschter Hoffnungen, getragen von Witz und Wehmut, über das man Tränen vergießen möchte, nicht wissend, ob sie dem Glück oder der Anrührung entspringen.« *Bernd Leukert*

»Hüngers Gedichten ist ein spezifisch musikalisches Gelingen zu eigen, die Texte gewinnen einen Rhythmus, der fast geeignet ist, den Leser in Trance zu versetzen.« *Dirk Uwe Hansen*

»Eine Sprache, die fließt wie ein Fluss von der Quelle weg – immer mit dem Versuch, etwas zu fassen, was eigentlich sprachlich nicht zu fassen ist.« *Michael Hametner*

Erstausgabe
© edition AZUR im Verlag Voland & Quist, Dresden 2020
www.edition-azur.de
Zeichnungen: © Tommy Reinhardt
Gestaltung: Kraft plus Wiechmann, Berlin
Druck und Bindung: PBtisk, Czech Republic

ISBN: 978-3-942375-43-6